_____ 님께

한 편의 시가 당신의 하루에
따스한 위로가 되길 빕니다.

_____ 드림

잠~시 詩 멈추니
니가 You 좋다

시인의 말

'짝퉁'이라는 단어를 많이 들었다. 유명 고급 브랜드의 제품을 모방하여 만든 가짜 제품을 말한다. 이 시집에서의 짝퉁은 가짜 시(詩)라는 의미보다 누구나 쉽게 쓸 수 있고 누구나 쉽게 접할 수 있는 시를 말한다.

시 쓰기를 배운 적은 전혀 없고 그냥 감성이 떠오를 때마다 쓴 시를 모았다.
시를 쓴다는 것은? 시가 주는 묘미가 무엇일까? 그냥 틀려도 되고 남들이 웃어도 되고 그 어떤 형식에 얽매일 필요 없이 자유로움을 느끼고 쓴 시는 내 영혼을 맑게 해준다.

먹고 살기 위해 바쁘게 돌아가는 세상에서 잠시 멈추고, 본연의 나를 발견하고, 진정한 삶을 찾을 수 있는 시(詩)쓰기와 시(詩)읽기의 시간을 공유하고자 합니다. 더불어 아름다운 세상을 만들어 가고자 하는 작은 소망을 담아 여기 짝퉁 시를 살며시 공개합니다.

김영체

Contents

시인의 말 · 5

1부 잠시 멈추니 ····· 10

짝퉁 시가 주는 매력 1 · 12
짝퉁 시가 주는 매력 2 · 13
짝퉁 시인의 반성 · 14
0시 · 16
삼겹살을 먹으며 · 17
성불하세요 · 19
우산 속 여인 · 20
일요일의 사색 · 22
휴일날 공원에서 · 23
산촌에서 밤 · 24
창밖에 갇힌 풍경 · 25
부처의 선물 · 26
다시 찾은 공원에서 · 27

그 커피집에서 · 28
이 아침에 · 30
이야기하는 도시 · 32
근로자의 날에 · 34
촌집에서 · 35
나의 차 향기 · 36
천문사에서 · 37
변기통에 앉아서 · 38
밥 먹자 · 39
청계천에서 · 40
주말 새벽에 · 43

2부 니(You)가 좋다 ···································· 44

니가 좋다 • 46
붉은 꽃잎 • 49
빗방울 사랑 • 50
너랑 나랑 노랑 • 52
커피 향기 • 53
잔소리 • 54
You 부르는 아침 • 55
행복이 넘치는 아침 • 56
오늘도 그대를 • 57
그대를 만나면 • 58
그대를 찾아서 • 59
침묵하는 님에게 • 60
울고 있는 그대 • 62
그대의 본심 • 64

그대는 • 65
그대를 찾는 아침 • 66
너의 향기 • 68
고양이가 하는 말 • 69
굶주린 사랑 • 70
밤새 내리는 비 • 71
그믐달 • 72
비 오는 날에 • 74
비가 내리는 자정에 • 75
기차가 들어오고 있다 • 77
밤새 내린 비는 눈이 되었다 • 78
추운 날의 행복 • 81

3부 자연과 함께 ···································· 82

보고픈 바다 • 84
춤추는 바다 • 85
침묵하는 바다 • 86
비 내리는 바다 • 88

갈매기 울음소리 • 89
바다는 스승이다 • 90
아침을 여는 등대 • 91
나의 바다 • 92

하얀 바다 • 94
바다는 내 꺼 • 96
뜨거운 태양 • 97
나의 후원자 • 98
안개 숲 • 99
나의 친구들 • 100
나의 쉼터 • 102
구름에 갇힌 나 • 103
숲속의 아침 • 104
비를 맞은 벚꽃 • 106

나를 부르는 벚꽃 • 108
이팝나무의 미소 • 109
이팝나무의 순백 • 110
아카시아꽃 • 111
느티나무가 좋다 • 112
하필 지금, 꽃을 피웠나?
• 114
그냥 이쁘다 • 116
양귀비꽃 • 117
달님의 가르침 • 118

4부 계절 속에서 ················ 120

겨울잠을 깨우는 비 • 122
3월을 시작하며 • 123
봄비가 가져다준 기운 • 124
봄이 오는 소리 • 126
늦은 추위 • 127
꽃샘추위 • 128
춘분날에 희망을 가지다
• 129
사월의 비 • 130
4월의 끝날이 왔다 • 132
오월에는 • 133

하짓날의 바램 • 134
개구리 울음소리 • 135
뜨거운 여름 • 136
8월의 경계선 • 137
가을을 모시고 온 비 • 138
9월을 시작하며 • 139
하중도의 코스모스 • 140
입추에 마시는 믹스커피
• 142
책 읽는 가을 • 143
가을 들녘이 익어간다 • 144

익어가는 가을 • 146
환절기 • 147
어느새 겨울이 • 148

어둠 • 150
겨울 장미 • 152
하얀 눈이 내리는 날에 • 154

5부 이별, 다시 꿈을 잇다 ·························· 156

이별 • 158
사랑의 끈을 놓으며 • 160
현충일 아침에 • 162
눈물 • 163
한 많은 세월아 • 165
종착지를 앞두고 • 166
주름살 • 167
부고 • 168
하늘도 울었다 • 170
천당으로 가는 길에 • 171
빈집 • 172
긴 밤을 보내고 • 173
꿈을 이어 가다 • 174

어쩌면 • 176
주말 아침이 주는 여유 • 178
잃어버린 나를 찾아서 • 179
잠에 취하다 • 180
미술관에서 • 182
나의 숙제 • 183
철길 • 184
주말의 여유 • 186
나의 놀이터 • 187
30년의 흔적 • 188
소풍 가는 날 • 189
내가 보는 세상 • 190

1부

잠시 멈추니

짝퉁 시가 주는 매력 1

틀려도 된다
남들이 웃어도 된다
시가 아니어도 된다
베껴 써도 된다

그냥
생각나는 대로
쓸 수 있어서 좋다

나의 감성을 깨우는
순수함이 묻어 있는 시
그것 하나이면
매력의 충분조건이다.

짝퉁 시가 주는 매력 2

초보 새댁이
담그는 김치는
어머니의 김치 맛을
흉내 낼 수 없다

또한
나의 짝퉁 시도 마찬가지이다
유명시인의
풍월을 따라갈 수 없다

나에게
짝퉁 시는
조금씩 희미해지는
세포를 깨우기 위함이다

나의 짝퉁 시는
나름대로
독특한 멋과
감미로운 맛이 있다

아무도 모르는
혼자만이 느끼는 그 맛

짝퉁 시인의 반성

짝퉁 시인이
시집을 낸
시인을 만났다

혼자서
써 온 시가
짝퉁 시라는 게 들통났다

글쓰기도
글쓰기를 통해서
좋은 글을 쓸 수 있듯이

시(詩)도
엉터리 시를 자주 써야
좋은 시를 쓸 수 있다.

0시

늘 하던 일
늘 가본 곳

그냥
내 무의식에
나를 맡겨놓았다

하루를 마치는 시각은
또 하루를 시작하면서
새로운 각오를 다진다

24시와 0시를
가리키고 있는 시곗바늘은
하루와 하루를 이어주기도 하지만

무의식 속에 갇혀있는
나를 깨우고
본연의 나를 찾아 주는 시각이다.

삼겹살을 먹으며

술은 내가 마셨는데
왜 너희들이 취하냐?
그래, 술은 내가 마시고
바다가 춤을 추는 것과 같네

3월 3일이라고
삼겹살 먹는 날
허물없이 계급장 떼어놓고
나누는 대화는 정감을 돋게 한다

내가 마신 술이
흥에 겨워 모두가 웃음을 자아내고
너도 33세, 나도 33세
모두가 스스럼없는 친구가 되었다

함께하는 웃음소리는
우리가 살아가는 그 이유가 되니
오늘 같은 날이
내일도 이어지라고 믿으면서…

성불하세요

오랜만에
받은 문자

성불하라고
받은 톡은

부처님이 주신
선물이다

오늘
소원 성취했다

너의 톡을
이미 받았으니…

우산 속 여인

하나의 우산 속에
두 미녀가 걸어가고 있다

저만치 떨어져
혼자 우산을 쓰고 있는
중년 남성이

한 우산 속에
두 여인들과
서로 인사 나누니

덩달아
빗방울도 반가워하고

서로를
챙겨주는 아름다운 배려가
나를 붙잡고는
한참이나 놓아 주지 않았다.

일요일의 사색

비가 내린다
겨울에 내리는 비는
봄이 오고 있음을 알려준다

음악이 들린다
조용한 카페에서 듣는 음악은
갇혀있는 공간을 벗어나게 해 준다

비가 내리고
음악이 들리고
그 속에서 나를 바라보게 한다

하던 일 멈추고
일요일이 주는 사색은
때론 이렇게 삶의 용기가 된다.

휴일날 공원에서

연인들이
삼삼오오 끼리끼리

여기 공원에서
휴일날의 여가를
보내고 있다

비가 멈춘 하늘은
잠시 서늘한 바람을
안겨다 준다

지난주 휴일에 이어
어김없이 찾아온 이곳은

저마다의 삶의 모습을
볼 수 있는 곳

그곳에서
지나온 나의 발자국을
그리고 있다.

산촌에서 밤

새벽 1시
도시를 떠난
산촌의 어둠이 절정이다

가로등 불빛도 없다
비가 내린 후 시냇물 소리가
유난히 크게 들리고

혼자 있는 방에
불빛을 찾아
날아든 여름날의 벌레들이

적막함을 대신하여
또 다른 나를
만나게 해준다.

창밖에 갇힌 풍경

비는 어제와 같이
오늘도 조용히 내린다

비 내리는 이 아침
어제와 같이
믹스커피를 마시며

어느 건물에 갇혀 있는
나는
바깥세상을 내려다본다

우산 든 사람은
발걸음을 재촉하며
비를 피하려 한다

우산 든 사람들로부터
내가 자유롭다는 것을
알아차렸다

비가 오는 날
이 공간에 갇혀 있는 내가 아니라
자유로운 나이다.

부처의 선물

억겁의 시간 속에
한 세대가 바뀌는
30년의 짧은 시간

그 세월의 숫자만큼
계단을 올라서니
부처님이 마주하신다

살며시 나를
반겨 주시는
동화사 약사여래대불

부처님은
예전이나 지금이나
늘 엷은 미소를 지으시며

웃음소리와 함께
사랑과 행복을 가득 담은
보따리를 몰래 주신다

부처님이 주신 보따리는
내 삶에 희망과 애착을
갖게 하는 소중한 선물이다.

다시 찾은 공원에서

그 겨울은
유난히 길었다

긴 혹한에
살기 위한 몸부림은
마침내
아지랑이와 함께
날려 보내고

햇살은
해맑은 어린아이를
모여들게 하고서는
희망을 내리쬐고 있다.

그 커피집에서

문이 열리자마자
들어선 그 커피집

낯선 동네에
처음 와 본 이 공간은
음악 소리가 들리고

텅 빈 공간을 지키고 있는
저 나무는
묵묵히 나를 마주하고 있다

08시
어느 카페
문 여는 소리

나를 반겨주는
그 나무와 음악은
TV 드라마
한 장면 속으로 빠져들었다.

이 아침에

밤새도록 아파
울면서 보낸 밤

그 어둠이 걷히니
사람들은 거리로
하나둘 모여들고

북적대는
거리에서는
밤사이 있었던
기억들이 희미해진다

어제와 같은
아침을 맞이하지만
어제의 태양이 아니고

이 아침의 햇살은
점점 짙어가는
빨간색 사과인 듯

밤사이에
잘 익은 사과는
나의 사고(思考)도
점점 성숙시키고 있다.

이야기하는 도시

화려한 건물 뒤편
낡고 허름한 옛 건물
그 초라한 모습은
세월의 변화를 이야기해 준다

그전에 없었던
고가도로가 생기고
그 도로 위에 달리는 차량들은
빠른 속도를 이야기해 준다

다른 도시와 연결하는
역과 터미널에서
오고 가는 많은 인파는
바쁜 일상을 이야기해 준다

어느 모퉁이에
작은 소쿠리에 담긴 채소를
팔기 위해 쪼그려 있는 아낙네는
고달픈 삶을 이야기해 준다

이 도시의 거리를
천천히 걷고 있으니
도시 공간에 갇혀 있는
나의 모습까지도 이야기해 주네.

근로자의 날에

어김없이 찾아온
어제 그 시각

똑같이 반복되는
일상에서

오늘은
평상시와 달리

혼자서
세상을 바라보고 있다.

촌집에서

어릴 적 가난은
지금 나에게
소중한 자산이 되었다

아궁이에
장작불로 열기를 지피고
황토 흙벽은
찬바람을 막고 있는
그 허름한 집

내 나이 쉰을 넘어선
지금도
그냥 그 자리에 그대로이다

현대식 보일러 온돌방은
편리함을 가져다주지만
밤사이 청하는 수면은
개운하지 못하니

꼬부랑 할배가 되기 전에
그 허름한 촌집으로
돌아가야겠다.

나의 차 향기

배고파 먹는
한 톨 쌀알을 겨우 먹는 이에게
차 한 잔은 사치이고

또 다른 이가 마시는
차 한 잔은 삶의 여유와 행복의 향이
가득 담겨져 있다

차 맛은 그 어떤 누구도
그 맛을 정해 주지 않았고
신도 관여하지 않았다

어제까지 마신 차는
달콤한 설탕에 취해 있었으나

지금 내가 마시는
차 한 잔은
내 삶의 진한 향이 녹아있고

찻잔의 순백색은
아름다운 나의 모습을 비추고 있다.

천문사에서

부처의 손짓에
처음 가본 천문사
주무시는 부처님의
숨소리로 인하여
발걸음을 멈추게 한다

멈추어 선 걸음은
은은한 염불 소리를
나에게로 몰려오게 한다

관세음보살
나무아미타불
중생을 보살펴 주소서!

한참 후

불쌍한 중생인 나는
평온한 웃음을 지으며
그 사찰을 나왔다.

변기통에 앉아서

변기통에 앉으니
아~
뱃속이 후련해진다

힘을 주니
한 움큼 배설

또 다른 시작을 알린다

돌고 도는
세상의 원리를
배우면서

어제와 다른 발자국
더 나은 모양의 자취를 남긴다.

밥 먹자

일요일의 나태가
아침 식사를 건너띄우고

점심 식사는
대충 먹으니 배가 고프다

얼큰한 동태찌개 먹으러 가자고
옆지기님을 꼬셨다

실컷 먹고 나니
배도 마음도 넉넉해지니
어찌
천하에
못한 일이 어디 있으랴.

청계천에서

볼일을 마치고
을지로3가역에 도착하니
한 시간의 여유가
나를 짝퉁 시 세계로
안내하고 있다

하루 일과를 마치는
퇴근 시간이 지나니
사람들이 하나둘 모여들고

인위적으로 꾸며놓은
물가의 돌 틈 사이에
푸른빛의 버드나무는
여름을 향하고 있고

누군가
풀어 놓은 잉어는
자유로이 노닐고 있고

저 건물 뒤로 지는 해는
청계천 아름다움의 절정에
치닫게 한다

나는
그 청계천에서
나의 아름다움을 찾는다.

주말 새벽에

토요일이다

지난 주말에 이어
오늘도 서울행 새벽 기차를 탔다

주말이 더 바쁜 사람들 속에서
세상 돌아가는 이야기를 들으며

나의 이야기를 맹글고 있다.

2부

니(You)가 좋다

니가 좋다

밤사이
이리저리 뒹굴다가

눈을 뜨니
늦잠을 자버렸네
·
·
·

내가
너를 좋아하나 봐

밤새도록
니(You) 생각만 했으니까?

붉은 꽃잎

붉은색
진한 꽃잎은
당신 입술에 바른
립스틱보다 진하고

사랑을 찾는
애틋한 꽃잎은
오월에 내리쬐는
햇볕보다 강렬하다

그 꽃잎보다
더 진한
당신과의 입맞춤은

지금,
내 가슴이 뛰고 있다.

빗방울 사랑

모두가
잠에 취한 고요한 시각

이 새벽에
누군가 나를 깨운다

눈을 뜨니
아무도 보이지 않는다

창문에 맺힌
빗방울이 나를 반겨주고

나에게만
사랑을 속삭인다.

너랑 나랑 노랑

카카오에서
알려준
유채꽃 노랑은

너랑 나랑
데이트하는
설레임을 주고

너랑 나랑
둘이서만 먹는
참외의 노랑은

너랑 나랑
사랑하는 마음에
꿀맛을 더해준다.

커피 향기

매일 아침마다
종이컵 믹스커피를 마신다

아침에 마시는
커피 향기가 유별나다

그 이유를
이제서 알게 되었다

밤새 너의 생각을 한 후
마시는 커피라서.

잔소리

침대에 누웠다

옆지기가 잔소리를 한다
양치질 안 하느냐고

아까 했는데 또 해
딸기 먹었으니 또 해야지

마지못해
침대에서 일어나

하룻저녁에
두 번 양치질 한다

그리고
고마움을 전한다

나를 위해
챙겨준 딸기와 잔소리는

옆지기의
무한한 사랑이다.

You 부르는 아침

"○○"
불러도 대답 없는 당신

보고파 하는 이 마음
오늘 아침에
더 크게 불러봅니다

○○를 사랑합니다.

행복이 넘치는 아침

님의 존재만으로도
즐거운 아침입니다

님과의 인연만으로도
즐거운 아침입니다

님에게 연락할 수 있어
즐거운 아침입니다

.
.
.

이 즐거운 아침에
님에게 받는 답글이 있다면
행복이 넘쳐 날 것입니다.

오늘도 그대를

오늘도
그대를 불러봅니다

오늘도
그대를 사랑합니다

오늘도
그대는 행복입니다

그대는
내 삶의 희망입니다.

그대를 만나면

그대를 만나면
그대 손을
가만히 잡아 주고 싶다

그대를 만나면
그대 입술에
살며시 뽀뽀하고 싶다

그대를 만나면
그대의 품에
꼬옥 안기고 싶다

그대를 만나면
내 마음속에 품은 사랑을
전부 꺼내 놓아야겠다.

그대를 찾아서

밤을 새우며
기다린 당신

행여나
당신이 올까, 봐

불 밝히고
애타게 기다렸건만

...

그토록 보고픈
그대이기에

이 아침
그리움을 찾아 헤맨다.

침묵하는 님에게

봄기운
가득한 하루를 시작하며

목청껏
그대를 불러 본다

불러도
아무 대답 없는 님이여!

오늘은
봄기운을 마시러
저 산야로 같이 가 보세

울고 있는 그대

겨울로 가는
길목에 서 있는 어둠은
점점 짙어가고 있다

아무도 없는
텅 빈 공간에 있는 그대

아픈 삶을
이야기하는 그대

초라한 초상화를
그리고 있는 그대

왜 울고 있는가?

무엇이 서러워서
누구를 그리워해서
어떤 이야기를 하고파서
눈물을 보이는가?

울고 있는 그대여!

어둠이 걷히고 동이 트면
밤새 울었던 눈물을 닦고
다시 일어서
내 손을 잡고 같이 가자.

그대의 본심

그대가 나를 찾을 때
그때 난 모른 체 하였고

내가 그대를 찾을 때
지금 그대는 핑계를 댔다

그것이 우연인가?
서로의 본심인가?

과거에 대한 답을
오늘에서야 내리듯이

지금 그대와의 입맞춤은
그저 장난이었나?
진정한 뜨거운 사랑이었나?

먼 훗날에
내려질 정답을
벌써 기다려진다.

그대는

보고 싶은 그대는
내캉 가고 있는 삶의 동반자

잠에서 깨어나니
그대는 보이지 않는다

두리번거리며
한참 동안 그대를 찾아본다

꼬옥 숨어버린 그대는
내 마음속에 숨어 있었다.

그대를 찾는 아침

어둠은 거리에 북적대던
사람들을 집으로 돌려보내고

또다시 맞이하는 아침은
하나둘 사람들로 채우려 한다

그리고

나는 지친 육체를 일으키고
어제와 다른 아침을 찾는다

눈을 뜨니 그대는 어김없이
이 아침과 함께하고 있다.

너의 향기

너의 마음을
훔치려고 숲으로 갔다

긴 장맛비가 내리는 중에도
향긋한 수풀 냄새가 난다

물먹은 숲속에서도
너의 향기를 맡을 수 있다

너와 떨어져 있으나
너의 향기는 바로 옆에 있었네.

고양이가 하는 말

오늘
처음 본 고양이가

나를 보고도
도망가지 않는다

야옹야옹
내가 좋은가 봐

나보고 좋은 사람이라고
고양이가 말하고 있다.

굶주린 사랑

어김없이
어제의 그 시간에
잠에서 깨어나
새로운 아침을 맞이한다

겨울의 차가운 새벽공기는
몸을 움츠리게 하고
아직 어둠 속에 갇혀
따사로운 햇살을 기다리고 있다

이~ 아침에
누군가 그리워하고
사랑에 굶주려 있는 나를
문득 발견한다.

밤새 내리는 비

밤사이
쉬지 않고 내린 비는
그대를 향한 그리움인가?

이 아침까지
내리는 빗물은
내 마음속에 흐르는 눈물인가?

안타까운
이 마음을 알아주는
이 비는 그칠 줄 모르니

보고픈 그대
간절한 사랑을 찾아서
빗방울을 온몸으로 맞는다.

그믐달

오월에 삼십도를 넘는 온도가
여름을 알린다

태양은 따스함이 넘어
뜨거움을 주었다

한낮 태양은
고요한 새벽에 힘을 잃었다

많은 이들이 잠든 이 새벽에
나는 누굴 기다리고 있냐?

목소리 높여
불러도 대답 않는 그대

문을 열어 놓고
기다려도 오지 않는 그대

혼자서 온종일
그대 생각에서 갇혀 있었다

그토록 기다린
그대가 나타난 이 새벽

그대와 나
둘만의 오붓한 시간이다

이 새벽에
모습을 드러낸 그믐달이

내가 간절히
사랑을 갈망한 그대이었네!

비 오는 날에

비가 오면
내 가슴이 떨린다

비 오는 날
보고픈 이가 있다

아침부터 내리는
빗소리와 함께

오늘은 종일
그대와 함께 하고 싶다

비 오는 날
그리운 이가 있어
빗방울이 참 고맙다.

비가 내리는 자정에

어둠이 짙어간다

모처럼 내리는 봄비는
더 짙은 어둠으로 바꾸고
불 꺼진 상가와 썰렁한 거리는
하루를 마감하는 24시를 알려준다

많은 사람들이 붐비던 도로에는
빗방울들이 차곡차곡 쌓이니
매일 가는 그 산에
새순을 내민 나무에게 생명수가 될 것이다

그저께 찾아간 그 무덤
그곳에 홀로 핀 할미꽃도
내일이면 더욱 활짝 필 것이다

지친 하루를 마감하면서
오래간만에 옆지기님 옆에서
조용히 누워 자야겠다.

기차가 들어오고 있다

기차가 들어오고 있다

누가 타고 있을까?
궁금하다

저 기차는 이 역에서
또 누굴 태우고 갈까?

플랫폼에 서 있는 여인은
누굴 기다리고 있을까?

내가 애타게 찾고 있는
천사님이 아니면 어떡하지?

설마? 하는 마음과
천사를 만나는 기대가
이 가슴을 두근두근거리게 하고 있다.

밤새 내린 비는 눈이 되었다

엊저녁부터 내린 비는
결국에는 하얀 눈으로
바뀌어 내리고

님을 부르는 목소리는
이 아침에도 불러보지만
여전히 대답이 없다

그 아쉬움에
비가 함박눈으로 변하여
펑펑 내리듯이

님을 향한 그리움에
하얀 눈송이와 함께
엉엉 울고 있다.

추운 날의 행복

시베리아의
차가운 공기는
나를 움츠리게 하고

그대가
추위에 떨고 있는
나를 꼬옥 안아준다

모처럼
그대의 품에 안겨 본
이 아침이 참 행복하다.

3부
자연과 함께

보고픈 바다

비가 내리는 날
그 바다가 보고 싶다

그때 그날처럼
그 바다가 보고 싶다

둘이서만 바라본
그 바다가 보고 싶다

비를 흠뻑 맞으며
바다로 달려가야겠다

그 바다는
나를 기다리고 있을 테니

그 바다는
그대를 기다리고 있으니

이 빗방울까지
애타게 기다리고 있을 테니까.

춤추는 바다

바다가 춤춘다

저 섬은
가만히 있고

내가 탄 배는
꼼짝하지 않는데

왜
바다만
춤추고 있는가?

내가
찾아왔다고
바다가 기분이 좋은가 봐?

어제
밤바다는
아무 표정이 없었으나

지금
이 바다는
덩실덩실 춤을 추고 있네.

침묵하는 바다

바다가 보고 싶어
무작정 달려온 바닷가

그 바다에
어둠이 찾아오니

갈매기도 사람들도 떠나고
바다는 아무 말이 없다

아무도 없는 바다
나는 보내지 않았다

아무 말 없는 바다가
침묵을 가르쳐 준다.

비 내리는 바다

비가 내리는 날
도랑에 물이 흐르고
비가 내리는 날
사람은 우산을 쓰고
비가 내리는 날
달리는 차량 와이퍼가 작동하고
비가 내리는 날
막걸리와 부추찌짐을 먹는다

비가
쉬지 않고 내린다면
산과 들에 내린 빗방울이
바다로 흘러가서
바닷물이 불어날 것이다

비가
쉬지 않고 내린다면
바다에 떨어지는
수많은 빗방울이
바다에 쌓여 바닷물이 넘칠 것이다.

갈매기 울음소리

그녀는
신발을 벗었다

그 바닷가에서
맨발로 모래 위를 걷는다

그 바닷가의
바닷물에 발을 담그니

그 바닷가에
그녀는 아름다웠다

갈매기들이
그녀에게만 모여드니까

갈매기 울음소리가
유난히 크게 들린다.

바다는 스승이다

어제 찾아간 바다는
희망을 주었다

오늘 찾아온 바다는
용기를 주고 있다

바다는 언제나
가슴 벅찬 감동을 준다

희망 용기를 주는 바다는
내 인생의 스승이다.

아침을 여는 등대

일요일 새벽
하루 일과를 시작한다

밤새 불어온 바람은
어둠을 보내고 멈춘다

섬 바닷가
육지와 연결하는

그 배에
이 육신을 싣고

다시 육지의 삶으로
돌아간다.

나의 바다

다시 찾아온
그때 그 바다

아침부터
보고파서 달려왔다

태양을
한껏 안은 바다는

나를 따스함으로
반갑게 맞아 준다

그리고

허기를 달래기 위해
한 끼 식사를 하고자

다시 찾은
바다는 조용하기만 하다

오늘 나에게
바다는 스승이다.

따스함을 주면서
사랑을 가르쳐 주고

잔잔함은
겸손을 가르쳐 준다

그때의 바다는
아집을 버리라고…

오늘의 바다는
사랑과 겸손을…

나에게는
바다는 영원한 스승이다.

하얀 바다

커피 한 잔을 마시며
바라보는 바다는
푸른 바다가 아니다
하얀 바다였다

그간
알고 있었던 푸른 바다
오늘 본 하얀 바다는
고정관념을 부숴 버린다

하얀색의 파도는
내가 알고만 있었던
아집을 삼켜 버린다

오늘에서야
새로운 시각으로
새로운 세상을 보게 된
의미 있는 하루이다.

바다는 내 꺼

배가 떠나간다

고요한 바다가
금세 출렁거린다

바다가 춤을 추니
나도 덩달아 어깨가 덩실거리고

흥겨워

앞에 놓인 캔 음료를 들이마시니
눈앞에 보이는 바다가 내 꺼이다

뜨거운 태양

한낮 기온이
36.5도 훌쩍 넘어
어느 사막의 열기보다
더 달아오른 도시가 된다

바다로 계곡으로
떠나는 주말
혼자서 이 도시를
지켜야 하는 신세

유난히 뜨거운
이 여름날에는
그 누군가 그리워하고
보고 싶어진다

외로운 나에게
반가운 손길을
내미는 자는
뜨거운 태양뿐이다

자신의 몸을 태우며
뜨거운 열기를
보내준 그 태양과
강렬한 사랑을 한다.

나의 후원자

니가 보고파서

밤새
잠을 뒤척였다

애태우며
잠을 설친 밤이지만

나의 태양은
언제나
그 시각에 나를 깨우고

어김없이
나를 반겨준다

나의 태양은
내가 존재하게 하는
든든한 후원자이다.

안개 숲

그 숲이
안개에 갇혔다

안개는
미션 수행하기에 딱 좋다

누구에게도
들키지 않게 해 준다

미래 내 모습을
꼬옥 숨겨 놓고서는

2030년을
손꼽아 기다리고 있다.

나의 친구들

혼자만의 시간 속에서
하늘은 나의 친구이다
더불어
묵묵히 흘러가는 구름도
나의 친구이다

그리고
항상 그 자리에 서 있는
그 소나무도 나의 친구이다

그냥
고독 속으로 빠져
사색의 시간을 가지고자
혼자서 찾아온 이곳은
고독을 느낄 여유조차 없다

주변에
말없이 반겨주는
친구들이 있으니
어찌 반갑고 즐겁지 아니한가?

내가 살 만한 세상
열심히 살아야 할 이유를
오늘에서야 찾는구나

나의 쉼터

아무도
가지 않는 험준한 산

그곳으로
소풍 가서 먹는 김밥

그 어떤
진수성찬보다 맛있다

어렵사리
올라온 이곳은

바람과 그늘이
나를 반겨준다

주말은
세상을 잠시 등지고

나만의 시간
나의 일터 산이 있어 좋다.

구름에 갇힌 나

바람재에 올라서니
바람은 불지 않고
반겨주는 구름은
나를 가두어 버린다

5월의 신록은
볼 수가 없고
발아래로
시선을 돌리니

이름 모를 야생화가
혼자서 떨고 있다
이~ 이쁜 꽃은
멈추어 서야 볼 수 있는 꽃

구름은 가는 길을
잠시 멈추고
아무도 모르는
작은 미소를 찾아 주었다.

숲속의 아침

새들의 합창단이 부르는
음악이 새벽을 깨운다

자기 전 마신 음주는
머리를 무겁게 하지만

새소리가 들리는 이 숲은
가벼운 발걸음을 내딛게 하고

농부의 애원을 들어주는 빗방울도
이 아침에 동행해 준다

교래 자연휴양림에서 맞이하는
새들의 지저귐 그리고 빗방울은

자꾸 펼쳐보고 싶은
일기장 한 페이지일 것이다.

비를 맞은 벚꽃

옆지기가 성당에 간다

성당에 태워주러 나간
일요일 아침
도시의 도로는 한산하다

어제 보문호수의
벚꽃을 보지 못한 아쉬움에
다시 벚꽃을 본다

빗방울을
흠뻑 맞은 벚꽃은
화려하지 않지만
오는 사람들을
반갑게 반겨주고 있다

꽃잎에 묻은 미세먼지를
씻어내기 위해서
샤워를 했다는 것을
뒤늦게서야 알아차린다

그렇게
손님을 맞을 준비를
단정하게 한 벚꽃을
돌아선 발걸음을 멈추고
한참 동안 바라보았다.

나를 부르는 벚꽃

이 봄에 맨 처음
벚꽃을 보았다

화려한 흰분홍색은
나를 오라고 한다

날 오라고 하는 손짓에
가까이 가보니

짹짹거리는 새들도
나를 환영해 준다

점심 식사 후
배는 부르고

따사로운 햇살은
졸음을 건네주지만

흰분홍색 벚꽃과
이름 모르는 새는

나른한 오후를 깨워준다.

이팝나무의 미소

5월 첫날의
도로는 한산했다

근로자의 날
많은 이들이 쉬는 하루

출근길에 나선
구멍가게 주인은

한산한 도로에 서 있는
이팝나무에서

잔잔한 아름다움과
삶의 여유를 찾으니

오월을
환한 미소로 시작한다.

이팝나무의 순백

얼마 전까지
많은 사람들이
벚꽃에 흥분하였다

5월에
맨 먼저 찾아오는
아카시아꽃 향기이지만

때 이른 더위는
아카시아의 향기보다
이팝의 순백을 먼저 부른다

파란 하늘 속에
갇혀버린 순수함은
이팝나무 꽃향기에 마비되어

중년 남자는
순백의 아름다움을
미치도록 사랑하게 되었다.

아카시아꽃

아침마다
출근길에서 부딪히는

그녀에게서 나는
향수 내음은

숫총각 심장 소리를
더욱 크게 들리게 하듯이…

오늘 아침 공기도
내 마음을 더욱 뛰게 한다

신록의 푸르름인 줄 알고
마냥 달려가 보니

동구 밖에서 밤새 핀
아카시아꽃이었다.

느티나무가 좋다

3월의 화려했던 벚나무의 꽃
그 추억을 담고자 한
카메라 셔터 소리는
들리지 않는다

빗방울과 바람 소리에
생명을 다한 벚꽃은
또 다른 봄을 기약하고
기억에서 희미해졌다

사라진 벚꽃을 대신해서
느티나무 자태가
새로운 자리를 차지하고 있다

새잎을 내밀은 느티나무는
시끌벅적거리지 않는다

그냥 혼자서
말없이 여름을 준비하고 있다

많은 사람들로부터
벚꽃이 사랑을 독차지할 때도

뜨거운 여름날의
햇볕을 가려줄 녹음을
묵묵히 준비해 온 느티나무

잠시 화려했던 벚나무보다
오늘도 조용히 서 있는
느티나무의 위풍당당한
그 자태가 참 좋다.

하필 지금, 꽃을 피웠나?

땅이 굳었다
비가 내린 지가 언제였던가?

타들어 가는
메마른 땅에도
꽃은 피었다

목말라서
시들어 가는 야생초의
애원의 목소리가 들린다

풀잎은 타들어 가고 있는데
너는 새 생명을 잉태하기 위해서
노란꽃 분홍색꽃을 피웠구나?

어여쁜 꽃이여

하필이면
이 척박하고 메마른
이 땅에서 태어나는가?

하필이면
산야가 타들어 가는
지금 꽃을 피웠는가?

神이시여
아무 불평도 없는
이쁜 꽃을 불쌍히 여기시어
생명의 비를 뿌려 주옵소서!

그냥 이쁘다

어쩌다 꽃밭이 아닌
도로 한쪽 모서리 빈틈에서 핀 꽃
자세히 보지 않아도 그냥 이쁘다

차 바퀴가 닿지 않는 곳
인간 발자국까지 피해서
당당하게 핀 꽃이라서 더 이쁘다

거름을 주지 않아도
물을 주지 않아도
열악한 환경에서 핀 꽃이라서 더 이쁘다

어느 시인은
자세히 보아야 예쁘다고 했으나
발걸음 멈추게 한 꽃이기에 마냥 이쁘다.

양귀비꽃

너는 양귀비꽃이구나

홀로 핀 꽃잎이
나를 유혹한다

아무도 없는 벌판에서
혼자 붉은 피를 흘리며

잡초도 외면한 그 땅
메마름에 아우성거리는 땅

그곳에서
홀로 혼신의 힘으로 핀 꽃

너의 이름은 양귀비보다
더 이쁜 양귀비꽃이었네

달님의 가르침

머리 위 떠 있는 달님이
조용히 나를 부른다

모두가 잠든 한밤중
몰래 나 혼자만 잠을 깨운다

구름 사이로 비친 달님이
나를 보고 미소를 보낸다

덩달아 나도 미소를 지으며
달님에게 인사를 한다

산꼭대기의 바람은
더욱 세차게 불고 있으나
달님의 미소 앞에서는
아무 소용이 없다

이 한밤중에
산꼭대기에서 맞이한 달님은
사랑하는 마음과 용서하는 마음을
가르쳐 주었다.

4부

계절 속에서

겨울잠을 깨우는 비

작년 가을부터
일찍 자버린 동면

엇저녁 밤
요란스런 천둥소리는
깊은 잠에서 깨우고

오늘
내리는 비는
새로운 계절을 맞이한다

다시
기지개를 켜고서

겨우내
자고 있던 감성이
되살아나게 하는
이 비에게 입맞춤을 해 본다.

3월을 시작하며

처음 시작은 두근거린다

1월에
새해 새 각오를 하였지만

몸을 움츠리게 한
시베리아 찬 공기를 핑계로
미루어 왔던 기지개

3월이 시작되는
지금에서 기지개를 편다

진짜. 봄이 왔구나!

그래. 나두 기지개를 켜고
나의 봄을 찾아 나서자

3월이 주는
이 설레임을 얼른 맞이하고자
2월을 그렇게 빨리 보냈구나!

봄비가 가져다준 기운

지난 밤사이
어둠과 함께

봄비가 살포시 내렸다

아직
어둠이 그치지 않은 시각

곧
어둠이 그치고

동이 트면
많은 사람들이 북적거릴 것이다

이미
한 주를 시작하는
사람들의 기운이 느껴온다

간밤에 내린
봄비가 가져온 봄의 기운과

많은 사람들의 온기로
힘찬 한 주를 시작한다.

봄이 오는 소리

봄은 우리들에게
이미 다가와 있었다

우리는
봄이 와 있는 줄도 모르고

피부에 와 닿는 바람에
추위에 떨고 있었음을

만물의 생명이
움트기 시작하는 이 계절에

내 나무에도
새로운 새싹을 돋아나도록
밤사이에
내린 듯한 봄비와 함께

내일의 희망을
한-움큼 쥐어본다.

늦은 추위

하늘은 파랗고 높지만
추위가 봄을 가로막고 있다

얼마나 기다려 온 3월인데
봄이 다가오지 못하게 방해한다

봄을 시샘하는 꽃샘추위는
바로 나 자신이었다

다시 마음을 추스르며
꿍하던 가슴을 활짝 펴고

봄을 방해하는 늦추위에
조용히 말을 건넨다

봄을 오지 못하게 한들
무슨 소용이 있니?

봄은 내일이면
더 따스한 기운으로 다가올 텐데.

꽃샘추위

어제 내린 비는
추위를 데리고 와서는

내 곁에
추위를 놔두고 도망갔다

집을 잃은 추위는
엉엉 울고만 있네

저기 저 노인이 말한다
에~ 이놈 추위야

오늘은 3월 첫날
봄이 왔으니
퍼뜩 집으로 돌아가라고

야단을 맞은 추위는
그제서야 도망가고 있다.

춘분날에 희망을 가지다

추위가 봄을
멈추려고 애쓰고 있습니다

꽃샘추위가
내리는 비를 하얀 세상으로 바꾸었습니다

입춘이 오고도
한참 지난 오늘이 춘분입니다

지난겨울 동안
어둠의 시간이 너무도 길었습니다

오늘부터는
밝음의 시간이 점점 많아질 것입니다

꽃샘추위는
내일부터는 힘을 잃고 사라질 것입니다

그러면
완연한 봄날에 나뭇잎이 춤을 추게 될 것입니다.

사월의 비

비가 내린 하늘은
여전히
또 다른 비를 뿌리고 있다

어제까지
많은 사람들을
유혹하던 분홍색 꽃향기는
빗물에 희석되어
자취를 감추어 가고

촐랑거리면서
자랑하던 꽃잎도
빗방울에
아무런 저항도 못 한 채
그만
땅바닥으로 떨어져
다시 희미한 기억으로
사라지고 있다.

이렇게
빗방울은
위세 당당한

흰분홍꽃잎을
잠들게 하고서는

어제와
다른 빗방울은
또 다른 꽃잎을
불러들이면서
나를 깨우치고 있다

어제오늘 내리는
사월의 비는
세월의 변화를 가르쳐 준
고마운 빗방울로 내린다.

4월의 끝날이 왔다

지울 수 없는 추억을 만든
2025년 4월 어느 날
짧은 만남이었으나 강렬하였고
내 삶의 원동력이 되었다

이제
소중히 간직하고픈
이 4월을 접어야 한다

그리고
새로운 5월은
또 날 기다려 줄 것이다

이별하는 4월의 아쉬움보다
설레임으로 다가오는 5월을 고대하니
남들보다 한발 먼저 내딛는
이 아침이 즐겁다.

오월에는

5월의
아카시아꽃 향기는
벌들에게
쉴 틈을 주지 않는다

근로자의
노동의 귀함을
아이들의
해맑은 순수성을
부모님의
고귀한 은혜를
선생님의
따뜻한 배려를
부처님의
한없는 자비까지

다 따~서
모아야 하니까.

하짓날의 바램

어젯밤에 잠시 내린 빗방울은
농부의 마음을 잠시 가라앉히고
다음날 하짓날에 떠오른 태양의
뜨거운 열기까지도 식혀주고 있다

비가 밤새 내리기를 기도해 보았지만
간절함이 부족하여 흡족하게 뿌려 주지 않았다

또다시 떠오른 태양은 나와 마주하니
여전히 뜨거운 열기를 발산하고 있다

한낮의 뜨거운 열기는
나를 향한 사랑이라 여기고
그 사랑을 다시 농부에게로 전해주고자 한다

온 산야에
비로 흠뻑 젖은 풍경을 그리면서.

개구리 울음소리

오늘, 이 여름은
잠시 머뭇거리면서
서늘한 바람이 불어온다

그 옛날 소년은
도시의 화려함을 부러워했고
그 도시의 불빛에 갇히고 싶었다

중년이 된 소년은
적막한 산촌의 개구리 울음소리를
다시 듣고 싶어한다

뻐꾸기는 왜 슬피 우는지?
소쩍새는 왜 울고 있는지?
매미는 쉬지도 않고 우는지?

덧없는 세월을 보내고
지나온 그림자를 바라보면서
이제서야 나를 알게 된다.

뜨거운 여름

한여름
태양이 벌써 나타났다

8월의
뜨거운 여름이 시작이다

강한 빗줄기
장마도 시작되지 않았고

하지(夏至)는
아직 저만치 남아 있는데.

8월의 경계선

얼마 전까지만 해도
열대야의 열기로 잠을 설치면서
인간의 나약한 모습을 보았다

수억 년간
되풀이되어 온 계절의 변화는
이 순간에도 그대로이다

아직 끝나지 않은 8월에
이 아침에 불어오는 서늘한 바람은
얼마 전의 8월과는 다르다

인간이 정한 8월의 경계선보다
자연이 만든 계절의 경계선이
먼저라는 사실을 받아들인다.

가을을 모시고 온 비

가을을 데리고 온
비가 내린다

밤새 열어둔 창문에
뚝뚝 떨어지는 빗방울

그 빗방울은
한여름의 뜨거움을
쫓아버리고

지난밤에 내팽개친 이불을
끌어당겨 덮게 한다

가을은 이미
이불속에서
나와 잠자고 있었다.

9월을 시작하며

뜨겁던 여름날의 햇볕은
구름 뒤로 도망가듯

애간장만 태운 내 사랑도
어디론가 가버렸다

따가운 햇볕 대신
시원한 바람이 불어오니

이제는
귀뚜라미 울음소리가
매미 소리를 대신할 것이고

가을 들판이
황금빛으로 바뀔 즈음

내 사랑의 결실도
잘 익어 가리라.

하중도의 코스모스

비가 내렸다

엊저녁부터 내린 비를
거부하지 않고
밤이 새도록
그냥 비를 맞고 있었다

빗방울이
꽃잎을 떨어지게 하려 하지만
코스모스는
싫은 표정을 짓지 않는다

빗방울을 감싸 안으며
온몸으로 껴안아 줄 뿐이다

코스모스는
어제도 오늘도
하중도에 찾아온 사람들에게
이쁜 미소를 보내고

아무 대가 없이
그저 찾아온 손님들에게
웃음과 행복을 주면서
반갑게 맞이하고 있다.

입추에 마시는 믹스커피

아침을 여는 이 시각
믹스커피를 태우고

어제도 그랬듯이
오늘도 믹스커피를 마신다

내가 매일 마시는 커피는
그대의 향기를 맡기 위함이고

불러도 대답 없는 그대의 모습은
내 기억에서 지우고 싶지 않다.

2024년 뜨거운 여름날에
입추는 오늘처럼 찾아오듯이

그대의 아름다운 모습에
맘껏 취하는 그날을 고대하면서

이 아침에 마시는
믹스커피 향기가 유난히 진하다.

책 읽는 가을

저녁노을은
하루 일과를 마치고
어둠을 부르고

어둠은
서늘한 기온을
살그머니 데리고 왔다

지난여름
쉬지 않고 돌아간
에어컨은 할 일이 없어지니

서늘한 공기가
책 읽는 계절 가을을
내 곁에 데려다 놓았다.

가을 들녘이 익어간다

저기
낙동강이 보인다
강물은 고요히 갇힌 듯
아주 느릿느릿 흐른다

인간이
만들어 놓은 철로 위로
누군가 타고 있을
고속열차도 지나간다

강물은 쉼 없이
천천히 흐르고
열차는 쌩~하니
빠르게 달려가고

느림과 빠름이 공존하는
저 들녘에는
풍요로움이 가득한
가을이 한창 익어가고 있다.

익어가는 가을

9월의 비가 내린다

빗방울은
지난밤에
몰래 내리기 시작하지만
나에게 들통이 났다

이 비를
뿌리기 위해
여름날의 더위가
마지막 몸부림까지 쳤네

추석을
앞둔 가을은
뜨거운 햇살을 받으며
목마름의 갈증을 푼다

그리고
한가위 날에는
탐스럽게 잘 익는
가을을 맛보게 될 것이다.

환절기

쌀쌀한 아침은
코를 벌렁거리게 한다

곧바로
연거푸 에~취 에치 에취

간밤의 평온함을 깨우니
풍요로운 가을이
성큼 와 있었네.

어느새 겨울이

그 여름
강렬한 햇볕에
거친 숨소리는

북쪽에서
내려온 찬바람에
멈추어 버렸다.

바쁜 걸음을 멈추니
저-산이 살며시 말하네

여름날의
나뭇잎은 낙엽이 되고
겨울이 이만큼 와 있다고

어둠

어둠이 내리는 저녁시간

아직은 11월이지만
겨울에 접어든 이 계절의 태양은
빨리 저물어 가고 있다

한낮 동안
분주히 움직이며
여기저기 헤매던 그 사람들은
어디로 갔는가?

일찍이 찾아온 어둠은
갈팡지팡거리는 방황의
끝을 맺게 해 준다

곧 찾아올
깜깜한 어둠은
나의 본연의 모습을 찾아서
잃어버린 나를
찾아 주는 시간을 줄 것이다.

내일 아침
다시 떠오를 태양에게서
나의 본연의 모습을 보여줄 수 있는
희망을 가진다.

겨울 장미

이 혹한 엄동설한에
꽃이 피었다

눈이 쌓인 저 산의 생명체는
겨울잠을 자고 있는데
너는 왜 꽃을 피웠는가?

봄이 오면 필 꽃인데
이 겨울에 꽃봉오리 피었는가?

봄이 오기까지 기다리지 못해
어쩔 수 없이 핀 장미가
애처롭다.

내가 보고파서
당신이 그리워서
내캉 니캉 같이 있고 싶어서

겨울에 핀 장미꽃 사랑에
추위가 녹는다.

하얀 눈이 내리는 날에

하얀 눈이 내린다

창문 밖 바깥
알록달록 그려진 풍경들을
다 지워버리고
흰색으로 덧칠하고 있다

도로를 걷는
행인의 까만 옷도
하얀색으로
아스팔트 도로마저
하얗게 변했다

엉금엉금 기어가는 차들도
흰 눈에 덮였다

흰 눈이 내리는 날은
어제까지의 오만가지 기억을
싹 지워버리게 해 준다

그러나
눈사람 만든 어릴 적

아름다운 추억이 남아 있어
지금, 이 순간
행복한 웅덩이에서 신나게 놀고 있다

5부

이별, 다시 꿈을 잇다

이별

잘 가시게나

그간 있었던
섭섭한 감정은 훨훨 날려 보내고
좋은 감정은 꼭 간직하게나

인생은 새옹지마라 했지요

그대가
떠나면 잠시 아쉬워하겠지만
그 아쉬움은 이내 잊어버릴 것이니
너무 아파할 필요도 없을 것이요

그대가
어디에서 어떤 일이 닥쳐올지 모르나
다만 주어진 여건에 열심히 살게나

이별은 이미 만남에서 시작되었고
그 만남은 또다시 이별을 예고한 것이니
지금의 헤어짐을 순수히 받아들여야 할 것이오

잘 가시게나

그간 좋은 인연이었음에
내가 줄 것이라고는
고맙다는 말뿐이오.

사랑의 끈을 놓으며

언제부터인지 모르지만
당신을 사랑했습니다

언제부터인지 모르지만
당신은 매일 보고 싶었습니다

언제부터인지 모르지만
당신은 나의 전부이었습니다

이제는
보고픈 간절한 소망도
사랑하고픈 애절함도
다~ 잃어버렸습니다

이제는
당신을 보내드려야겠습니다

당신이 걸어갈 앞길에
환한 등불이 되어주겠습니다

당신의 자유를 위해
내가 가진 사랑의 끈을 놓겠습니다

부디,
당신이 가는 길에
행복이 넘쳐나길 바랍니다

현충일 아침에

불러도
대답하지 않는 당신

기다려도
오지 않는 당신

울부짖는
당신이 너무 보고파서

이 아침에
무작정 집을 나선다.

눈물

니가 내고
내가 니다

자신의 밥그릇만 채우려고
옥신각신 싸웠다

눈을 뜬 다음 날이면
다 부질없는 허영뿐이다

아직
내 그릇이 보잘것이 없구나!

한없이
무거운 발걸음을
공방으로 옮기니

눈물은 참회 속에
뚝 뚝 떨어진다

새로이
영혼을 담을 수 있는
아름다운 그릇을 빚을 것을
너에게 약속한다.

한 많은 세월아

서럽구나!
살아 온 세월
왜 이리 한이 쌓았나?

저기 저 노인
서러워 울고만 있네

아이고
저승사자요~!
나를 데려가소

한 많은 세월아
남은 생은 어찌 살꼬?

살아온 삶의 흔적을
훨훨 타는 불꽃 속에
가슴 맺힌 한(恨)까지 태워 주이소.

종착지를 앞두고

비가 와도
눈이 와도
햇볕이 내리쬐는 날에도
사람과 소통하며
바깥세상으로 나가는 버스는
하루도 쉬지 않고 운행한다

동이 트기 전에
깜깜한 새벽에 출발하여
꼬불꼬불한 비포장길
시원하게 확 트인 도로
다시
좁다란 골목길을 지나니
저기 종착지가 보인다

종착지에서 내려야 하는
백발의 노인은
한 보따리 짐을 꾸리고 있다

보따리를 챙기는 그 노인
버스가 종착지에 도착하면
어디로 향하는 걸까?

주름살

어버이날 앞에 두고
어머니 아버지의 얼굴은
어느 때와 다름이 없는 모습이다

여든셋
여든아홉 숫자가
하나씩 주름살을 만들었다

그 숫자를 헤아려 보니
한(恨) 맺힌 슬픔과 기쁨이
서로 교차하고

주름살 깊이는
자식들의 애태움과
삶의 고달픔의 크기와 같다.

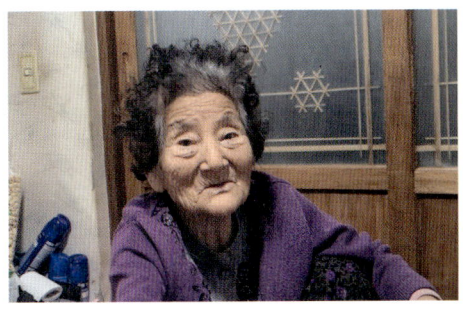

부고

뜻밖의
부고가 들려왔다

한평생
바둥바둥 살아온 몸부림
그렇게 살아온 흔적은 어디론가 사라졌다

이제는
미동조차 할 수 없는 육신만이 남아있다
또다시 그 육신마저
세월의 힘에 의해 사라질 것이다

한-참 후
나 또한 지금 움직일 수 있는 몸부림도
세월 앞에 무릎 꿇을 것을 예약해 놓았다

그 예약된 그 날까지
나는 나의 할 일을 찾아서
세월의 힘 앞에서
아름다운 항복을 준비하고서는

잠시
눈가에 고인 눈물을 닦으면서
고인의 명복을 빌었다.

하늘도 울었다

이생에서
저승으로 가는 길
배웅하러 나가

나도 울고
당신도 울고
하늘도 울었다

무엇이 슬픈가?
무슨 여한이 남아 있길래
통곡하며 우는가?

당신을 붙잡아도
돌아올 수 없기에
나는 울기만 할 뿐이다

하늘도
슬픈 이별을 알고 있는지
종일 장대 빗줄기만 뿌린다.

천당으로 가는 길에

비가 내렸다
잠시 그쳤다
다시 내린다

천당으로 가시는 길
배웅하러 나와서
하늘도 울고 나도 울었다

…

부처님께서
가시는 걸음을
한결 가볍게 해 준다

나무아미타불 관세음보살.

빈집

세월의 무게는
추억이 담긴 고향집을
빈집으로 만들었다

어제까지
홀로 지내시던 엄마마저
떠나버린 고향집

이제는 그 집에
찾아갈 명분이 없어져
가고픈 용기가 생기지 않는다

가고 싶어도
차마 갈 수 없는 고향집은

내일이면
문패에 적힌 金 자는 孫 자로
바뀔 것이고

마당에는 잡초들이
제집인 양
주인행세 할 것이다.

긴 밤을 보내고

밤사이 겨울비가 내렸다

산촌에서 하룻밤
침묵과 빗방울 소리만 있었다

유난히 긴 동짓날의 밤은
혼자만이 가질 수 있는
자유로움에 흠뻑 젖어 버렸다

지난밤
본질의 나를 찾을 수 있는 시간에
의미를 부여하며
새로운 하루를 시작한다.

꿈을 이어 가다

일요일 아침 8시
여유를 가지며
비 오는 운치를 즐긴다

각자가 무너진 꿈을
토론하며
다시 꿈을 세운다

혼자가 아니라
서로의 꿈을 들어주고
응원하고 있다

내일이면 설령
그 꿈이 끊어지더라도
다시 꿈을 이어갈 수 있으니

꿈을 말하는
꿈·잇·다
그 속에 내가 있다.

어쩌면

퇴근 시간
18시가 되기 전
몰래 땡땡이쳤다

도시의 한복판에
겨우 도착하니
꿈들이 한가득 모여 있다

엄마가 보고 싶다며
간절함이 녹아있는
첫 번째 강연자

또 다른 강연자는
사람 사는 세상을
이야기하고 있다

마지막 강연자는
통닭으로 희망을
말하고 있다

불금이라
부산 서면이
시끌벅적이다

여기 모인 사람들은
꿈만 꾸던 꿈을 찾아
다시 꿈을 말하고 있다

어쩌면
이 꿈을 말하는 이곳이
세상에서
멋진 이야기와 사람들이다

다행히
그 속에 내가 있다.

주말 아침이 주는 여유

습관에 따라
새벽잠에서 깨어나
하루를 시작하는 주말의 아침
평일에 가지지 못했던 여유가 있다

그 여유는
온갖 번뇌를 잊게 해 주고
성공에 관한 갈망도 잊게 하고
아픔에 관한 상처도 잊게 한다

모든 것을 내던질 수 있는
주말의 여유가 사라지면
또다시
인간의 욕망은 시작될 것이지만

내가 가진 끝없는 탐욕까지도
내려놓은 이 아침에
본래의 나를 만날 수 있는 기회는
다음 주말에도 찾아올 것이라 믿는다.

잃어버린 나를 찾아서

8월 중순 어느 날
오후의 햇살은 여전히 따갑다

그 따가운 햇살에
흠뻑 흘린 땀은
이미 말라 버렸다

돌아와

혼자 앉아 있는 이 공간에는
공허함만이 나를 맞아주고 있다

나를 울리는 공허함을 떠나보내고자
다시 짐을 꾸린다.

나의 일터 山을 찾아
나만이 가진 웃음을 짓기 위해서이다.

잠에 취하다

아직 여독이 남아
잠에서 깨어나지 못하고
주무시는 평온한 모습은
걸어온 삶을 줄거리를 말해주고 있다

어제 내린 빗방울은
아직 턱없이 모자라기에
오늘도 아쉬운 빗줄기는
달리는 차 유리창에 와 닿는다

비는 왠지 나를 슬프게 하고
피곤한 육체는 힘든 삶의 생존이었음에
서글픈 시간으로 다가온다

다시 고개를 들어
차창 밖 풍경을 본다
스쳐 지나가는 저 산
그 안에 서 있는 나무가 용기를 준다

인생은
울기도 하고 웃기도 하고
그렇게 돌고 돌아가는 것이라고
오늘은 실컷 울고
내일은 다시 웃을 수 있을 것이다.

미술관에서

미술관에서
금요일 오후를
전시하고 있다

문외한이
어찌 그림을 볼까?

3재
시, 서예, 미술

세 가지 재능을
갖춘 재주꾼을 만나

그림과 글자는
나에게 이야기한다

혼을 담아
실체를 만들어 보라고
소곤거린다.

나의 숙제

여위신 모습을 보았다

오랜만에 뵙는
그분은 그전의 얼굴이 아니다

세월의 힘에
더욱 나약해지는
인간의 모습은 애처롭다

겉으로는 웃고 있지만
속으로는 울고 있는
내 모습이 아닌가?

나도
그 세월만큼 지나서
한없이 나약한 모습으로
세상을 원망할 것이다

살아 온 날보다
살아갈 날은 더욱 애착을 가지고
열심히 살아야 할 것이다

그것이
나의 숙제이다.

철길

어릴 적 탔던 완행기차는
희미한 기억 속에서 사라졌다

새로운 속도를
자랑하는 고속열차가
그 철길에 자리 잡고 있다

완행기차가 달리던 철길이나
고속열차가 달리는 철길은

늘 그렇게
두 가닥 선로가 마주하고 있다

두 가닥 선로는
내일이면 두 손을 잡을 듯이
아주 가까이에서 마주하며
만날 수 있는 기대를 갖는다

쉬지 않고 달려온 이 역에서도
여전히 두 손을 잡지 못하고
또다시 고속열차는
종착역까지 달려간다

두 가닥 선로가
손을 잡을 수 있는 희망을 품고서…

주말의 여유

월·화·수·목·금
그리고 토요일

주말이 주는 여유가
나의 삶을 되돌아보게 한다

무얼 그리
한 주간 바쁘게 살았는지?

내가 가고 있는 목적지가
어디인지?

어제의 그 공원에서
한 편의 시를 읽으며

혼자서 내 삶의
답을 찾고 있다.

나의 놀이터

새벽잠에서 깨어나
혼자만의 생각에 갇혔다

그 어떤 누구와도 이야기를
나눌 수 없는 적막한 새벽은
혼자서 맘껏 뛰어노는 놀이터이다

나는
나만의 놀이터에서
나만의 사고로 오늘을 맞이한다.

30년의 흔적

30년 전 그날,
수업을 같이 들으면서
청춘의 노래를
손잡고 목청껏 불렀다

30년이 지난 오늘,
머리카락은 빠지고
흰 수염에다
주름살만 생겼다

30년이 또 흐른 뒤
희로애락으로
살아온 세월을 되돌아보며
잘 살았다고 말한다.

소풍 가는 날

어릴 적에도 그랬다
지금도 그랬다

소풍 가는 날의
아침 풍경은

나이를
가리지 않는다

모두에게
즐거움을 주는 하루이다.

내가 보는 세상

흐린 하늘은
나를 울게 하고서는
그냥 그 자리에
털~썩 주저앉게 하였다

내 감정에 따라
세상이 바뀌고 있음을
하늘이 가르쳐 주었네!

어제는 즐거웠으니
온 세상이 환한 웃음을 짓게 하였고
오늘 찌푸린 하늘은
암울한 세상으로 변하게 하였네

지-금
간절한 기도를 한다
내일은
따사로운 햇살을
비추어 달라고…

잠~시(詩) 멈추니
니(You)가 좋다

초판 1쇄 2025년 6월 26일

지은이 김영체
발행인 김재홍
교정/교열 김혜린
마케팅 이연실
디자인 박효은

발행처 도서출판지식공감
브랜드 문학공감
등록번호 제2019-000164호
주소 서울특별시 영등포구 경인로82길 3-4 센터플러스 1117호{문래동1가}
전화 02-3141-2700
팩스 02-322-3089
홈페이지 www.bookdaum.com
이메일 jisikwon@naver.com

가격 15,000원
ISBN 979-11-5622-940-7 03810

ⓒ 김영체 2025, Printed in South Korea.
- 이 책은 저작권법에 따라 보호받는 저작물이므로 무단전재와 무단복제를 금지하며, 이 책 내용의 전부 또는 일부를 이용하려면 반드시 저작권자와 도서출판지식공감의 서면 동의를 받아야 합니다.
- 파본이나 잘못된 책은 구입처에서 교환해 드립니다.